Luís Dill

ilustrações
Rubens Matuck

Estações da poesia

★ Prêmio AGES 2011, na categoria Poesia – Associação Gaúcha dos Escritores

EDITORA
POSITIVO

Para Sizi,
primeira leitora
destes haiquases

verão

No verão
o guarda-sol, às vezes,
aguarda chuva

Solaço na praia
transforma areia
em imensa frigideira

Mal o sol nasce
jogos e risos de ontem
seguem tatuados na grama

Fevereiro danado
faz lago fugir do sol:
quebra-cabeça de seca

No campo sem sombra
os rabos das vacas
são rebanho de ventiladores

“São as águas de março...”
assovia sem graça
o verão moribundo

outono

Pétalas bailam
rio abaixo:
hélices perfumadas

Voam folhas de outono
levando a quem quiser
seus panfletos coloridos

Telefone sem fio:
brisa que enche a luva
vira vento de chuva

No maio que termina
o xale na corda
dá acenos de naftalina

Plátanos sem folhas
semeiam fogueiras
pelo chão

Vento moleque
desenha parabólica
com guarda-chuva

inverno

A sombra
à sombra
assombra

Conversa em dia gelado
mais parece papo
com sinais de fumaça

Chega a noite
e, na sinfonia de bocejos,
beladormecem as sombras

Gato malhado
encontra a fria manhã
com casaco de sol

Vento gelado
empipoca de frio
a pele sem lã

Amores-perfeitos
tão lindos
aquecem manhã de inverno

primavera

Crepúsculo:
dentes de sombra
mastigam o dia

Gato de rua,
na poça d’água,
bebe a lua

Também são felizes
as crianças pintadas
nas poças da chuva

Esta buganvília
sobre o muro vizinho
é convite pra pulo vermelho

No primeiro calor
surgem flores
de todas as rimas

Boca-de-leão
comemora setembro
rugindo cores

Dados Internacionais para Catalogação na Publicação (CIP)
(Mônica Catani M. de Souza / CRB9-807 / Curitiba, PR, Brasil)

D578 Dill, Luís.
Estações da poesia / Luís Dill; aquarelas Rubens Matuck. — Curitiba: Positivo, 2010.
48 p.: il. — (De fio a pavio).

ISBN 978-85-385-4133-2

1. Literatura infantojuvenil. I. Matuck, Rubens. II. Título. III. Série.

CDU 82.053-2

Gerente Editorial: Júlio Röcker Neto
Gerente de Arte e Iconografia: Cláudio Espósito Godoy
Edição: Marcelo Del'Anhol e Fernanda Pehls Mendes
Supervisão de Arte: Karina Hollanda
Análise de Arte: Juliana Ferreira Rodrigues
Edição de Arte: Daniel Cabral
Diagramação: Beatriz Wolanski Brito
Capa e projeto gráfico: Daniel Cabral
Engenharia de Produto: Solange Szabelski Druszcz

Rua Major Heitor Guimarães, 174
80440-120 — Curitiba — PR
Site: www.editorapositivo.com.br
Fale com a gente: 0800 723 68 68

Impressão e acabamento:
Gráfica e Editora Posigraf Ltda.

1ª edição
6ª impressão

Impresso no Brasil
1 2 3 4 5 6 7 9 10 11 12

2017